Inhalt

Programmierter Flop - Nur wenige Unternehmen können mit ihren Apps beim Verbraucher punkten

Kernthesen

Beitrag

Fallbeispiele

Weiterführende Literatur

Impressum

Programmierter Flop - Nur wenige Unternehmen können mit ihren Apps beim Verbraucher punkten

Harald Reil

Kernthesen

- 80 Prozent der Marken-Apps werden weniger als 1 000 Mal heruntergeladen.
- Die Gründe dafür sind einfach: Die meisten dieser Apps sind miserabel, und selbst gut gemachte Anwendungen werden kaum beworben.
- Dabei ist die App-Nachfrage groß und wird noch größer werden: Luden User 2010 noch durchschnittlich 51 Apps herunter, wird die

Zahl in diesem Jahr voraussichtlich auf 83 steigen.
- Die Corporate-Publishing-Branche wird mit Apps die Unternehmenskommunikation revolutionieren.
- Im tristen Marken-App-Dschungel gibt es auch rühmliche Ausnahmen: Eine davon ist der Ernährungsassistent von Kraft Foods.

Beitrag

Tristes Schattendasein

Steve Jobs hat es wieder einmal geschafft: Das Geschäft mit den iPads boomt; und die Besitzer des multimedialen Wunderwerks sind wie verrückt nach Apps, die sie millionenfach herunterladen - ein Segen also auch für die Entwickler dieser nützlichen Alltagshelfer, die das Wetter selbst in so entlegenen Winkeln der Erde wie Timbuktu anzeigen können, Routen zwischen München und Madagaskar berechnen oder einfach nur zur Kurzweil beitragen? Ganz so einfach ist die Sache nicht. Denn weltweit haben User von den rund 400 000 Apple-Apps und den zirka 200 000 Apps, die für Googles Konkurrenzbetriebssystem Android entwickelt wurden, nur einen geringen Prozentsatz auf ihre

Smart Phones oder ihre Tablet PCs geladen. Vor allem für Marken-Apps sieht die Situation düster aus. Sie führen ein tristes Schattendasein, weitab vom Glanze des Erfolgs, in dem sich ihre beliebteren Verwandten sonnen, und schaden im schlechtesten Falle sogar dem Image ihrer Unternehmen. Oder nüchterner ausgedrückt: Die meisten dieser Apps, die eigentlich für ihre Firmen werben sollten, sind schlicht und einfach Flops. (1), (2)

Miserable Qualität

Zugegeben: Der Wettbewerb ist groß. Dennoch sollte es den Verantwortlichen von Unternehmen zu denken geben, dass Nutzer mobiler Endgeräte rund 80 Prozent der Marken-Apps weniger als tausend Mal heruntergeladen haben. Diese alarmierenden Zahlen veröffentlichte die Wirtschaftsprüfungsgesellschaft Deloitte. Die Gründe: Die meisten dieser Apps sind einfach miserabel. Und selbst gut gemachte Apps fallen nicht auf, wenn Firmen sie nicht ausreichend bewerben. Ein weiteres Problem ist, dass selbst manche Großunternehmen noch keine geeigneten Tracking-Tools haben, die es ihnen erlauben würden, das Nutzerverhalten auszuwerten, obwohl es die entsprechenden Technologien natürlich bereits gibt. Die Chancen, durch gut gemachte Apps auf sein Unternehmen aufmerksam zu machen, sind also eigentlich sehr groß. Dafür sprechen auch folgende Zahlen: Hat im vergangenen Jahr ein Apple-Nutzer im Jahr 2010 noch durchschnittlich 51 Apps auf sein iPad oder sein iPhone geladen, so wird sich diese Zahl in diesem Jahr voraussichtlich auf 83 erhöhen. In Deutschland nutzen mittlerweile bereits 15 Millionen User Apps. (2), (3), (7)

Riesengroßer Markt

Die Voraussetzungen, um mit guten Apps auch Imagepflege zu betreiben, sind also hervorragend - und sie werden sich sogar noch verbessern, da weltweit immer mehr mobile Endgeräte abgesetzt werden. 2009 hat die Branche global rund 170 Millionen Smart Phones zu einem durchschnittlichen Preis von 200 US-Dollar verkauft. 2014 werden es voraussichtlich bereits 700 Millionen Geräte sein, für die Verbraucher im Schnitt nur noch 150 US-Dollar zahlen werden. Für Tablet PCs schauen die Zahlen sogar noch vielversprechender aus. 2009, noch bevor das iPad den Markt erobert hat, haben User rund um den Erdball eine Million Geräte gekauft. Dafür gaben sie im Schnitt 2 000 US-Dollar aus. Drei Jahre später werden die entsprechenden Zahlen vermutlich lauten: 70 Millionen Tablets zu einem Durchschnittspreis von 400 US-Dollar. (1)

Apps revolutionieren Corporate Publishing

Die neue Technik bietet auch Möglichkeiten, Apps zu entwickeln, die das Corporate Publishing revolutionieren werden. Einer der Marktführer auf diesem Gebiet ist die niederländische Agentur Readershouse Brand Media, die ein iPad-Magazin für VW konzipiert und umgesetzt hat. In der ersten Ausgabe von "Das. World of Volkswagen" können User beispielsweise auf ihrem Tablet den neuen Touareg mit Wischbewegungen vom Wüstenstaub sauberwischen und sich die verschiedenen Geräusche vorspielen lassen, die ein Golf GTI verursacht. In den nächsten Ausgaben sollen Lifestyle-Themen, Mode, Design und Spiele im Vordergrund stehen. Readerhouse Brand Media will außerdem den Kundendialog stärker ausbauen. Dass dieser Ansatz überzeugt, zeigt die Resonanz anderer Größen der Automobilbranche. Sie stehen bereits in den Startlöchern, um mit Corporate-Publishing-Apps ihre Kunden noch enger an sich zu binden. (4)

Trends

Bessere Marken-Apps sind nur eine Frage der Zeit

Noch sind die meisten Marken-Apps erbärmlich. Lange wird das allerdings nicht so bleiben. Denn zu groß sind die Chancen, die sich Unternehmen bieten, durch gut gemachte Apps ihre Bestandskunden zu verwöhnen und neue Kunden auf sich aufmerksam zu machen. Die Prognose lautet daher: Marken-Apps werden immer besser, da Unternehmen auch auf diesem Gebiet alles tun werden, um Mitbewerber auszustechen.

Chance für Verlage

Laut Hans Jannsen, Chef von WoodWing, einem weltweit tätigen Softwarespezialisten, der auf dem Gebiet von Zeitungs- und Zeitschriften-Apps führend ist, lesen User Tablet-Magazine unter der Woche vor allem zwischen 20 und 23 Uhr und an den Wochenenden. Da diese Zeiten auch die Hochzeiten für Fernsehwerbung sind, folgert Jannsen, dass Verlage für Werbekunden als Alternative zu TV-Sendern interessant werden könnten. Für die gebeutelten Verlagshäuser, die während der letzten Jahre einen massiven Einbruch an Werbekunden zu beklagen hatten, könnte dies eine Chance sein, neue

Kunden an Land zu ziehen. (5)

Fallbeispiele

Vorbildliche Apps von Kraft Foods

Eine vorbildliche App mit Nutzwert hat Deloitte zufolge das Unternehmen Kraft Foods auf den Markt gebracht, nach Nestlé der zweitgrößte Lebensmittelkonzern der Welt. Der "Kraft iFood assistant" schlägt Rezepte vor und hat außerdem Zubereitungsvideos in seinem Repertoire. User können zudem eigene Vorschläge für Gerichte hochzuladen. Über die App bekommen Anwender auch Informationen zu Coupons und Sonderangeboten. Und schließlich bietet das Unternehmen über GPS einen Shopfinder mit Kraft-Produkten an. Die App erstellt Daten über das Kundenverhalten und macht es daher Kraft Foods möglich, individuelle Rezepte und Sonderangebote an seine Kunden zu verschicken. Deloitte lobt an dieser App besonders, dass sie die Marke hervorragend repräsentiert. (1)

VW und Audi: Apps mit

Spaßfaktor

Laut Deloitte lassen sich erfolgreiche Apps in zwei Kategorien einteilen - in nützliche und in unterhaltsame Apps. Vor allem, was den Spaßfaktor betrifft, haben Unternehmen jedoch noch nicht viel zu bieten. Deloitte meint gar, dass es bisher lediglich zwei renommierte Konzerne geschafft haben, in Sachen Unterhaltung beim User zu punkten - Audi und VW. Die beiden Automobilkonzerne haben Fahrsimulations-Apps für iPhones entwickelt, die tatsächlich ansehnliche Downloadzahlen vorweisen können. (1)

Zeitschriften und Zeitungen bieten Multimediaspektakel

Auch Zeitschriften und Zeitungen profitieren vom App-Boom. Denn anders als in Printmedien lassen sich mithilfe von Apps auch Bewegtbilder und Tondokumente veröffentlichen. Laut WoodWing-Chef Hans Jannsen hat die Zukunft der Nachrichtenmagazine schon begonnen. Sie entwickeln sich immer mehr zu Multimediaspektakeln, die fast alle Sinne beschäftigen. Gegen diesen Trend stemmt sich allerdings das renommierte Magazin "The

Economist". Die britische Wochenzeitschrift verzichtet auf Multimedia und geizt auch mit Bildern. (5)

Shopping-App von Bosch

Bosch Hausgeräte hat der Agentur DDB Tribal den Auftrag gegeben, gleich eine ganze Serie von Apps zu entwickeln. Den Anfang macht eine Shopping-Anwendung, die über ein Spracherkennungssystem funktioniert. Die App liefert außerdem Infos zu Frischhaltesystemen, die das Unternehmen seinen Kunden anbietet. (6)

Weiterführende Literatur

(1) Apps von VW und Audi
aus CIO - IT-Strategie für Manager, Meldung vom 16.08.2011

(2) Marken-Apps sind meist Flops
aus Frankfurter Allgemeine Zeitung, 26.07.2011, Nr. 171, S. 15

(3) Keine App ohne Konzept
aus Lebensmittel Zeitung 28 vom 15.07.2011 Seite 031

(4) corporate publishing auf dem iPad : Vorsprung durch Technik

aus kressreport vom 26.06.2010, Nr. 13, S. 32

(5) neues aus dem app-store : Wie Klavierspielen oder Fahrradfahren
aus kressreport vom 26.11.2010, Nr. 24, S. 31

(6) DDB Tribal ermöglicht Bosch-Kunden digitale Markenerlebnisse
aus horizont.net vom 30.03.2011

(7) Bereits 15 Millionen Deutsche benutzen Apps
aus COMPUTER-INFORMATIONS-DIENST vom 07.September 2011

Impressum

Programmierter Flop - Nur wenige Unternehmen können mit ihren Apps beim Verbraucher punkten

Bibliografische Information der deutschen Nationalbibliothek

Die Deutsche Nationalbibliothek verzeichnet diese Publikation in der deutschen Nationalbibliografie; detaillierte bibliografische Daten sind im Internet über http://dnb.d-nb.de abrufbar.

ISBN: 978-3-7379-0790-3

© 2015 GBI-Genios Deutsche Wirtschaftsdatenbank GmbH, Freischützstraße 96, 81927 München, www.genios.de

Alle Rechte vorbehalten. Dieses Werk ist einschließlich aller seiner Teile – z.B. Texte, Tabellen und Grafiken - urheberrechtlich geschützt. Jede Verwertung außerhalb der Grenzen des Urheberrechtsgesetzes bedarf der vorherigen Zustimmung des Verlags. Dies gilt insbesondere auch für auszugsweise Nachdrucke, fotomechanische

Vervielfältigungen (Fotokopie/Mikroskopie), Übersetzungen, Auswertungen durch Datenbanken oder ähnliche Einrichtungen und die Einspeicherung und Verarbeitung in elektronischen Systemen.